RELATION HISTORIQUE

DE L'EXPÉDITION

DE TAGDEMPT.

Extrait du MUSÉE DES FAMILLES,
LIVRAISON DE JUILLET 1841.

Ouvrages du même Auteur.

CLINIQUE DES PLAIES D'ARMES A FEU. 1836. 1 vol. in-8°.. 7 fr. 50 c.
RELATION HISTORIQUE ET CHIRURGICALE DE CONSTANTINE. 1838. in-8° br.................... 2 50
MÉMOIRE SUR L'AMPUTATION TIBIO-TARSIENNE, pour servir d'introduction à une nouvelle méthode des amputations. In-8° avec figures. (Sous presse.)
LEÇONS SUR LE STRABISME ET LE BÉGAIEMENT, faites à l'hôpital militaire du Gros-Caillou. 1841. 1 vol. in-8° de 130 pages, avec 2 planches...... 2 50

HYGIÈNE DES FEMMES NERVEUSES, ou Conseils aux femmes pour les époques critiques de leur vie; par le docteur Édouard Auber, auteur du *Traité de philosophie médicale*. 1 vol. grand in-18 de 540 pages. 3 fr 50 c.

Imprimerie d'Auguste Desrez, rue Lemercier, 24. Batignolles-Monceaux.

RELATION HISTORIQUE

DE L'EXPÉDITION

DE TAGDEMPT,

PAR LE DR BAUDENS,

CHIRURGIEN DE S. A. R. M^r LE DUC DE NEMOURS,
CHIRURGIEN EN CHEF DE L'HOPITAL MILITAIRE DU GROS-CAILLOU,
EX-CHIRURGIEN EN CHEF ET PREMIER PROFESSEUR
DE L'HOPITAL D'INSTRUCTION DE LILLE,
OFFICIER DE LA LÉGION-D'HONNEUR, ETC., ETC.

PARIS.

GERMER-BAILLIÈRE, LIBRAIRE-ÉDITEUR,
RUE DE L'ÉCOLE-DE-MÉDECINE, 17.

1841

RELATION HISTORIQUE

DE L'EXPÉDITION

DE TAGDEMPT.

De tous les établissemens situés dans les possessions françaises du nord de l'Afrique, Tagdempt était le seul qui naguères encore n'eût pas été visité par nos armées.

Cette ville était devenue le dernier refuge de l'émir Abd-el-Kader qui, chassé successivement de Mascara et de Tlemcen, avait refusé, même après notre départ, de rentrer dans ces places importantes parce qu'elles avaient été profanées par la présence des chrétiens.

Placée à l'entrée du désert, séparée du littoral par sept journées de marche et par d'affreux défilés; assise, comme l'aire du vautour, au centre d'une couronne de montagnes à pic et décharnées, Tagdempt, ainsi défendue par la nature, devait paraître une retraite assurée.

On savait qu'Abd-el-Kader y avait placé le siége de sa puissance; qu'il y avait créé d'importans établissemens pour renfermer ses poudres, ses armes, ses munitions de guerre et son trésor. On n'ignorait pas que les plus fanatiques musulmans se rendaient en pélerinage près de ce jeune marabout, qui, à l'exemple de Pierre l'Hermite, faisait servir au profit de son ambition et de ses intérêts matériels le pouvoir spirituel inhérent à sa position, prêchait la guerre sainte, et à l'aide de ce levier puissant, obtenait des subsides et des impôts pour lutter contre nous.

La destruction de ce centre d'action, de la dernière ville restée au pouvoir d'Abd-el-Kader, était devenue urgente ; elle fut arrêtée en principe. De grands obstacles se dressaient, dès l'entrée de la carrière, contre cette entreprise et projetaient sur les dernières perspectives l'ombre de tristes pressentimens

En Afrique où l'on doit tout emporter avec soi, souvent même l'eau et le bois, les moyens de transport, pour entretenir pendant quelques semaines une armée privée de ses magasins d'approvisionnemens, doivent être fort considérables, et nous avions à peine la moitié des mulets exigés. La position de Tagdempt, sa force, ses moyens de défense, la route pour y aller, tout reposait sur des données vagues et incertaines, comme tous les renseignemens que nous achetons aux indigènes au poids de l'or. On parlait de journées de marche sans eau, dans le désert et dans des sables brûlans ; Abd-el-Kader, disait-on, avait fait des efforts surhumains ; il avait réuni près de lui une nombreuse armée décidée à vaincre ou à mourir. Ces récits laissaient dans les esprits un certain malaise et nous jetaient dans les chances et les éventualités de l'imprévu.

Des personnes, assez sages d'ailleurs, pensaient qu'il y avait imprudence à songer immédiatement à détruire Tagdempt, et que l'expédition projetée devait se borner à une simple reconnaissance pour jalonner une entreprise sérieuse qui nécessairement aurait été remise à l'automne suivant.

En automne, il aurait fallu emporter des fourrages pour la nourriture des chevaux et des mulets, tandis qu'au printemps, les plaines couvertes de riches céréales, nous dispensaient de ce souci. La disette qui règne en automne crée des difficultés insurmontables ; il fallait agir de suite ou remettre l'expédition à un an.

Le premier parti faisait peser sur le gouverneur une lourde responsabilité ; le second était plus prudent, mais il retardait d'une année les affaires de l'Algérie, et grevait, en pure perte, notre trésor du budjet de l'Afrique pendant un an.

Le lieutenant-général Bugeaud examina froidement et avec sagesse les ressources qu'il avait à sa disposition et celles qu'il pourrait se créer par des moyens extraordinaires ; puis, en homme entreprenant qui volontiers ferait rayer du vocabulaire le mot impossible, il décida que l'armée marcherait sur Tagdempt, à la fin de mai. D'après cette décision, S. A. R. le duc de Nemours, qui saisit toutes les occasions de partager les dangers des soldats de l'armée d'Afrique, sollicita l'honneur d'assister à cette expédition, l'obtint et se mit en route au commencement d'avril, avec les officiers de son état-major dont je faisais partie.

C'est dans ces conjonctures difficiles qu'un général en chef doit avoir du coup d'œil pour prendre un parti prompt et décisif : aux talens militaires, il doit allier la science administrative. Le lieutenant-général Bugeaud prouva ici qu'il n'était pas au-dessous de sa mission. Il avait, un mois auparavant, rencontré dans la province d'Alger des difficultés de même nature, quand il s'était agi d'aller ravitailler Médéah et Milianah, et il avait suppléé au manque de mulets par des réquisitions ; de même à Oran, grâce aux soins vigilans du général Lamoricière, ses instructions furent heureusement exécutées ; les colons et les tribus alliées, Douairs et Smélas, prêtèrent à l'administration leurs mulets et leurs chameaux ; tous les cavaliers consentirent à mettre pied à terre, à charger leurs chevaux de riz et de biscuit et à devenir muletiers de l'administration. Chaque cavalier emportait du reste son équipement complet, afin de pouvoir combattre au besoin, en déposant la charge sur le sol, comme nous le verrons par la suite.

Ce dévouement que sauront apprécier ceux qui connaissent l'esprit de corps de la cavalerie, dévouement dont il ne faudrait pas pourtant faire abus, résolut le problème et permit d'entrer en campagne le 18 mai.

Le point de départ de l'armée expéditionnaire était Mostaganem, ville située sur le bord de la mer, à vingt lieues est d'Oran, et à soixante lieues d'Alger. Mostaganem manque de port et n'a pas même de débarcadère : on y arrive en faisant échouer sur la plage la barque qui porte les voyageurs, et quand la mer est houleuse, il est impossible de débarquer. Cette ville est assez considérable pour contenir une population de 12,000 âmes : un superbe ravin, au fond duquel coule une rivière dont les eaux serpentent et vont arroser de riches potagers, la sépare d'un autre établissement un peu moins important et défendu comme elle par de fortes murailles crénelées ; c'est la ville de Miserghin. Non loin de Miserghin se trouve la redoute de Masagran, à jamais célèbre dans nos fastes militaires. La position de Mostaganem ne laisse rien à désirer au point de vue sanitaire ; le sol y est excellent, la végétation riche et abondante. Le coton arbuste y croît naturellement et sans culture.

La colonie ne demande que protection et sécurité, pour y prendre un rapide et grand essor. On avait entassé dans cette place de grands approvisionnememens de toute nature, pour en faire un centre d'opérations militaires, et aller inquiéter les nombreuses et riches tribus des districts de Tagdempt et de Mascara.

Les troupes qui composent la division d'Oran et celles que le gouverneur devait emmener avec lui d'Alger, s'y étaient donné rendez-vous pour le 16 mai. La ponctualité avait été si grande des deux côtés, qu'en même temps que le canon de terre saluait S. A. R. le duc de Nemours et le gouverneur général dont les paquebots venaient de jeter l'ancre dans la baie, on voyait défiler sous les murs de la place, la colonne qui arrivait d'Oran avec le général Lamoricière, et se disposait à camper en attendant l'ordre du départ pour Tagdempt.

La journée du 17 fut employée à des préparatifs de toute espèce : on régla l'ordre de l'armée dont on forma deux divisions, l'une commandée par monseigneur le duc de Nemours, qui avait sous ses ordres le général Garaube ; l'autre, confiée au général Lamoricière, sous le commandement duquel était le général Levasseur. Il fut arrêté que l'armée, forte de 10 à 12,000 hommes, marcherait sur trois colonnes ; que celle du centre, ayant en tête le gouverneur général et les Zouaves, serait fermée par une brigade d'arrière-garde, dirigée par le colonel Tampoure ; qu'entre la droite et la gauche de cette colonne du centre marcherait notre lourd convoi composé de plusieurs centaines de chameaux, de mulets, d'ânes, de douze cents bœufs, d'un grand nombre de voitures, d'une batterie de campagne et d'un millier de cavaliers démontés, conduisant par la bride leurs chevaux chargés de vivres.

La division de droite fut placée sous les ordres du prince ; le commandement de celle de gauche fut donné au général Lamoricière. Le général Mustapha-Ben-Ismaël, à la tête de 6 à 700 douairs parfaitement bien montés, fut chargé d'éclairer la tête et les flancs de l'armée. Le commandement supérieur des troupes du génie revint au général Berthois ; les fonctions de chef d'état-major furent données aux colonels Despinois et Pelissier ; le général Boyer remplit près du prince le rôle de premier aide de camp ; j'étais le plus élevé en grade des officiers de santé de l'armée, je me retrouvais de fait et de droit chirurgien en chef, chargé des ambulances, dont pendant huit ans, j'avais eu la direction en Algérie. C'est une lourde tâche que celle des ambulances en Afrique ! Ce n'est pas comme en Europe, où l'on peut déposer chaque jour les malades et les blessés dans quelque bourgade, en les recommandant même à l'humanité de l'ennemi, quand il faut les abandonner. Dans l'Algérie, il faut les emmener tous avec soi, sous peine de les exposer à avoir la tête tranchée. J'avais à ma disposition une centaine de mulets chargés de cacolets. Les cacolets sont des espèces de fauteuils fixés de chaque côté du bât de l'animal ; ce moyen de transport est la véritable chaise de poste des Pyrénées ; le voyageur monte d'un côté, le conducteur de l'autre. Il y a neuf ans que j'ai imaginé de donner aux ambulances d'Afrique ce mode de transport pour les blessés, d'après une conversation que j'avais eue avec M. de Guiroye, l'un des sous-intendans militaires les plus éclairés.

Quand les malades et les blessés excèdent le nombre des cacolets, on met les uns sur des mulets ou des chevaux dont la charge de vivres a été épuisée ; et les autres, les plus blessés, les amputés, sont portés sur des brancards par leurs camarades.

Je disposai les ambulances en quatre sections ; j'en désignai une pour la colonne de droite, une pour la colonne de gauche ; une autre pour l'arrière-garde, et la quatrième pour la colonne du centre. Celle-ci avait pour la faire reconnaître un drapeau rouge ; elle devait être la plus forte, contenir tout le matériel et recevoir tous les malades et blessés provenant des trois subdivisions indiquées. J'avais près de moi une section d'ambulance légère et disponible pour me porter avec elle en toute hâte sur le lieu du combat, afin de renforcer les secours à donner aux blessés. Le gouverneur n'avait accordé qu'à l'ambulance le privilége d'emporter quelques tentes.

Le 18 mai, à la pointe du jour, l'armée quitte Mostaganem pour entrer en campagne, et va bivouaquer à trois ou quatre lieues, au delà, à Mazzera, dernier contrefort des montagnes qui bordent la Méditerranée, et dont le versant fait face à la plaine de l'Habra.

Ce site est remarquable par un groupe d'énormes oliviers, dont les gros rameaux jettent sur trois marabouts d'une blancheur éblouissante leur chevelure en désordre. On appelle marabout, une petite habitation en forme de dôme, blanchie à la chaux et placée sur les points les plus culminans des montagnes, pour servir à la fois de vigie aux musulmans et les rappeler à la prière. Le saint qui habite ce presbytère, porte également le nom de marabout. Desservant le culte de Mahomet, il possède sur les fidèles croyans l'influence qu'avait en Europe le clergé au moyen âge. Ce lieu avait pour moi des souvenirs ineffables ; c'était là, que six ans auparavant, au retour de Mascara, l'armée épuisée de fatigues et de souffrances, avait établi ses bivouacs. La pluie, dont la persistance avait été désolante, venait de cesser et quelques rayons de soleil étaient descendus comme une consolation sur les soldats dont les vêtemens étaient trempés. Le caroubier autour duquel j'avais pansé mes blessés, était encore debout ; la source qui m'avait donné de l'eau pour laver leurs plaies n'avait pas tari ; ici était l'ancien bivouac du prince royal, là, celui du maréchal Clausel. Tous deux étaient venus visiter l'ambulance ; bien des souffrances avaient été allégées par une promesse à l'officier et par des marques de munificence laissées au soldat.

Le grand nombre de reptiles trouvés à Mazzera lui fit donner par l'armée le nom de bivouac des serpens. Le voisinage de ces nouveaux hôtes fut d'abord incommode : dans quelques jours, nous verrons le soldat revenu de sa frayeur, leur donner la chasse, comme à la perdrix, pour en faire sa nourriture de prédilection.

Le lendemain, ainsi que tous les jours suivans, on se mit en marche à trois heures et demie du matin : ce moment est celui où la fraîcheur de la nuit, toujours très-grande en Afrique, se fait le plus vivement sentir ; la rosée se résoud en une pluie fine qui pénètre les vêtemens, et, comme l'armée n'avait pour s'abriter ni tentes ni couvertures, tout bien calculé, le meilleur remède était de se mettre en route. Dès ce jour, l'armée ne cessa de marcher à travers un pays de plaines et de montagnes. Complétement dépourvues d'arbres de haute futaie, les plaines présentent çà et là quelques massifs de cactus nopals, dont les raquettes dérobent à la vue les gourbis qui servent d'habitations aux indigènes. A des distances assez éloignées les unes des autres, et comme pour guider le voyageur isolé, on aperçoit dans les airs la silhouette mélancolique d'un grand palmier solitaire.

L'émigration des indigènes partout où nous devions passer ; l'absence de tout être vivant ; notre étonnement en restant quelquefois des heures entières sans voir un seul ennemi, aurait pu nous faire croire à la présence du désert, si les riches et abondantes moissons, qui partout couvraient le sol, ne s'étaient chargées de nous donner un prompt démenti.

Les montagnes, qui encadrent ces magnifiques plaines, offrent des points de vue qui varient à l'infini. Plans couverts de chênes verts, de myrthes, de jasmins, d'oliviers, de chèvre-feuilles et de lianes de toute espèce, s'abaissant par degrés et offrant en amphithéâtre les plus beaux jardins du monde ; énormes masses granitiques, se dressant à perte de vue, comme des excroissances osseuses, et donnant au paysage un air de révolte et d'abandon ; formes confuses, contours accusés ; ensemble immense, perspectives infinies, création libre et primitive ; montagnes au profil hardiment découpé, sur la croupe desquelles l'œil distingue à l'horizon la statue microscopique d'un cavalier arabe placé en vedette : de quelque côté que la vue se porte, le spectacle change de scène et de décoration.

Au milieu du jour, on aperçut, à droite, sur un ressaut de terrain parallèlement disposé à la route, un groupe de 3 à 4,000 cavaliers. C'était la première fois que l'ennemi s'offrait à nous; son attitude paraissait hostile; il semblait rangé en bataille. Dans ce moment, l'arrière-garde était demeurée un peu trop en arrière; un espace était resté libre entre elle et le convoi; il était à craindre que, profitant de cette faute, l'ennemi ne fit une charge à fond et traversât notre ligne. Le gouverneur fit donner l'ordre à la division Nemours de prendre l'initiative et de repousser cette masse de cavaliers. Par un changement de front, le prince mit ses troupes en face de l'ennemi; mais au moment qu'elles s'ébranlèrent, celui-ci prit la fuite si rapidement, qu'il fut impossible de le rejoindre. Deux pièces de campagne, parties au trot, eurent toutefois le temps de prendre position, et d'envoyer quelques obus et des boulets, qui portèrent en plein dans les rangs et lui causèrent quelques pertes.

Ces cavaliers, appelés rouges à cause de la couleur de leur vêtement, et réguliers parce qu'ils font partie de la milice d'Abd-el-Kader, avaient pour mission d'observer nos mouvemens, d'aller prévenir de notre arrivée les tribus qui se trouvaient sur notre passage, afin qu'elles eussent le temps de déménager et de s'enfuir en emportant tout avec elles; de contraindre les kabaïles et les cavaliers à nous disputer le chemin, et à ne jamais s'engager eux-mêmes avec nous, à moins que l'occasion ne fût très-favorable.

Abd-el-Kader comprend, en effet fort bien, que toute sa puissance ne réside plus désormais qu'en ses troupes soldées; c'est avec elles qu'il perçoit l'impôt et qu'il force les populations à fournir leur contingent pour nous combattre. Il a donc un grand intérêt à ne pas exposer son armée régulière à une défaite, sous peine de voir sa puissance anéantie. On comprendra désormais le rôle de cette cavalerie, que nous retrouverons chaque jour sur l'un des côtés de notre colonne, en observation, et sans pouvoir engager avec elle une action sérieuse.

Après avoir laissé derrière elle quelques montagnes qui séparent la plaine de l'Habra de celle de l'Hillil, ainsi appelées l'une et l'autre du nom de la rivière qui les parcourt en tous sens, l'armée vient camper sur les deux rives de l'Hillil, dont les eaux vives et abondantes coulent sous d'épaisses voûtes de verdure, d'où se détachent avec éclat des milliers de fleurs de lauriers-roses. Pendant nos deux premières journées de marche, la chaleur avait été accablante, 30 degrés Réaumur à l'ombre. A partir de cette époque, l'armée gagna des régions de plus en plus élevées au-dessus du niveau de la mer, et la température baissa si considérablement, que le froid devint piquant le matin et le soir.

Le 20, l'armée s'ébranle à l'aube; sa marche n'est arrêtée que par l'abondance des moissons et la hauteur des céréales, qui, dans la fertile plaine de l'Hillil, déroulaient à nos yeux les plus beaux dons de la nature, et formaient un heureux contraste avec l'aridité et la sécheresse de quelques autres parties de la Numidie. L'ennemi continue à observer nos mouvemens; nos douairs se rapprochent des cavaliers les plus avancés, parlementent avec eux; et les conversations, commencées d'abord d'une manière amicale, se terminent par des coups de fusil. L'un de nos douairs reçoit, dans l'épaisseur de la cuisse, une balle dont je lui fais sur-le-champ l'extraction. Aussitôt pansé, il remonte à cheval, retourne au galop à l'ennemi, et essaye de prendre une revanche.

Les indigènes d'Afrique sont d'une nature forte et toute particulière; chez eux, les influences morales ne contrarient jamais la médication; le dogme de la fatalité a ici son bon côté. J'ai obtenu sur quelques-uns d'entre eux des cures merveilleuses; leur vie, en quelque sorte tout animale et végétative, permet de les comparer à ces arbres robustes dont on peut couper toutes les branches, sans pour cela porter atteinte au tronc.

L'armée, après avoir fait six à sept lieues, descend dans la vallée de la Mina, longe cette rivière pendant deux heures, et vient camper sur ses bords. Surnommée la Blonde par les Arabes, à cause de la couleur de ses eaux, la Mina serpente à travers la province que nous parcourons, et plus d'une fois encore elle nous sera d'un grand bienfait.

Le 21 fut pour nous une journée perdue; à peine avions-nous fait une heure de marche et traversé l'un des affluens de la Mina, le Crelouck, dont le lit, fortement encaissé, avait nécessité de la part des troupes du génie un pénible travail pour établir des rampes, que de violens coups de tonnerre se font entendre; le temps s'assombrit; des couches d'épais brouillard remplissent les airs à une grande profondeur, et descendent successivement pour se résoudre en torrens de pluie.

Livrés sans défense à l'ouragan, les soldats étaient trempés jusqu'aux os; l'eau ruisselait de leurs vêtemens, et ils n'avaient pour ressource que de les tordre; il fallut s'arrêter sur la route même, et bivouaquer sans aller plus loin.

Ce n'était pas sans une vive inquiétude qu'à travers les sinuosités du terrain on cherchait à voir le convoi, luttant contre les difficultés du sol que les premières ondées avaient rendu glissant comme la glace. Notre préoccupation la plus forte n'était pas en effet pour nous-mêmes, mais pour les vivres que nous emportions; il fallait à tout prix préserver le biscuit de l'humidité, sous peine d'avaries irremédiables qui auraient exposé l'armée à mourir de faim.

Le lieutenant-général Bugeaud ne se contenta pas de donner des ordres pour que les caisses qui les contenaient fussent mises en tas et abritées par une toiture de paille, fabriquée à l'instant même; bravant le mauvais temps, il suivit cette opération dans tous ses détails et jusqu'au bout.

Vers onze heures, le ciel s'épura, et au travers des éclaircis de nuages, le soleil darda par intervalles ses rayons brûlans. La matinée resta incertaine, et dans l'après-dîner, le temps se remit tout à fait au beau.

Nous étions à l'entrée de la vallée du Crelouck, que le lendemain nous devions parcourir. Cette vallée est resserrée entre des montagnes très-élevées.

En montant sur le premier plan qui, à gauche, borde celle-ci, nous aperçûmes, au midi, une plaine de deux lieues d'étendue environ, tourmentée et hérissée de monticules; à l'horizon, on remarquait, sur un contrefort qu'éclairait en ce moment les derniers rayons du soleil couchant, une petite ville nommée Sidi-Mohamed-Ben-Aouda dont les habitans se hâtaient de déménager et d'emporter, à dos de mulets, toutes leurs richesses; cette localité n'étant pas sur notre route, le gouverneur n'a pas jugé convenable d'aller la visiter.

Derrière cette ville, et dans les dernières perspectives du paysage, se détachait le profil d'une montagne noire privée de végétation, parfaitement régulière et symétrique. Cette montagne est appelée la Tente, à cause de sa ressemblance avec celle-ci.

Dans la nuit précédente, quelques Arabes s'étant glissés dans l'intérieur du camp, en rampant avec la légèreté du serpent, avaient pris quelques fusils aux faisceaux et tué un soldat du 13e régiment. Les factionnaires se tinrent, cette fois, sur leurs gardes, et l'un de ces hardis voleurs, qu'avait épié un zouave, reçut, au moment où il entrait dans nos lignes, un coup de sabre si violent, qu'on aurait pu passer le poing à travers les chairs de sa cuisse. On lui donna des soins sur-le-champ, et on le mit sous la tente; mais il répandait une odeur de bête fauve si infecte, qu'il fallut le mettre dehors. Le lendemain, au départ, on le laissa au bivouac avec une proclamation destinée aux gens de sa tribu, auxquels on fit dire d'aller le reprendre.

Le 22, le temps était de nouveau couvert de nuages, et le froid nous présageait de la pluie ; malgré ces craintes, nos jours de vivres étaient comptés, il fallait partir : l'armée s'engage dans une gorge de montagnes, au fond de laquelle le Crelouck a tracé son lit. Dans ce long et pénible défilé, l'ennemi ne nous oppose que peu de résistance ; mais les troupes du génie ont beaucoup à lutter contre les obstacles du sol, afin de creuser à coups de pioche, dans le roc, une route pour les voitures. Derrière un ressaut de terrain, nous vîmes un troupeau de 20 à 30 gazelles qui semblaient peu effrayées de notre présence ; quelques coups de fusil tirés sur elles les mirent en fuite, et elles disparurent avec la rapidité de l'éclair.

Vers le milieu du jour, l'ennemi se présente plus nombreux ; il tente de nous disputer les passages les plus difficiles et périlleux ; mais il est repoussé à coups de canon, et cesse de se montrer entreprenant.

Les obstacles du sol ne permettent pas d'aller plus en avant : on s'arrête à l'entrée d'un étroit défilé, dans un bas-fond peu pourvu d'eau et de bois, ayant nom Crelouck. La soirée est très-froide, et dans la nuit, la pluie tombe avec violence et sans discontinuer. La privation de bois ne permet pas d'allumer de ces grands feux de bivouac qui bravent le mauvais temps et consolent les soldats. Blottis les uns contre les autres, transis, grelottant, pénétrés jusqu'à la moelle des os, ils sont réduits à écouter la pluie tomber ; on les croirait inanimés, si on ne les voyait de temps en temps tordre leurs vêtemens ruisselans.

Le 23, le sol est tellement détrempé qu'il est impossible de se mettre en route à l'heure habituelle ; le soleil se lève radieux ; les troupes du génie établissent des rampes sur le revers des montagnes. L'eau n'a pénétré que la croûte de terre glaiseuse où nous devons passer, et ce travail nous permet de partir à huit heures du matin. Le convoi chemine lentement et avec de grandes difficultés; les chameaux glissent et tombent à chaque instant. Les troupeaux de bœufs refusent de marcher : il faut en abattre un bon nombre sur place, et on est réduit à les faire suivre par des voitures-corbillards pour les emporter. Vers midi, plusieurs milliers de cavaliers arabes et de kabaïles se présentent sur le flanc de la colonne de gauche, dirigée par le général Lamoricière. Le gouverneur profite du retard apporté par les obstacles du chemin, pour marcher à l'ennemi avec cette division, à laquelle se joint le général Mustapha suivi de ses cavaliers. L'infanterie manœuvre sur plusieurs points pour essayer de cerner ceux qui tenteraient de s'engager ; mais ces manœuvres ont peu de résultats.

Profitant d'un moment propice, le vieux Mustapha fait une charge à fond à travers les rochers et les ravins. Quelques officiers de l'état-major du gouverneur se joignent à lui, et luttent avec nos douairs de vitesse et de bravoure. L'ennemi est culbuté, mis en déroute, et on le voit emporter ses blessés. Sept prisonniers et quelques chevaux restent en notre pouvoir : le capitaine Travot prend deux Arabes qui venaient de le mettre en joue. Nous n'avons de notre côté qu'une dizaine de blessés, appartenant presque tous au 6e régiment léger, qui, nouvellement arrivé de France, venait de gagner noblement ses éperons, et de se montrer digne des vieux soldats de l'armée d'Afrique.

A cinq heures, l'armée campe à une lieue du champ de

bataille, dans un pli de terrain presque entièrement privé d'eau et de bois, nommé Oued-Menasfa, sur le territoire des Oued-Flisas. Il pleut encore dans la nuit, mais beaucoup moins que pendant celle qui a précédé : le sol n'est pas détrempé, et le 24, dès que le crépuscule du matin a dissipé les ténèbres, l'armée se remet en marche à travers des pentes douces et faciles.

Pour la première fois, le paysage offre partout une monotonie frappante : la configuration des montagnes, la dégradation de leurs teintes, l'harmonie de leurs lignes sont tellement symétriques et partout uniformes, que, manquant de jalons et de points de ralliement, les guides se perdent et déclarent ne plus être dans la route. On finit par apercevoir à l'horizon un marabout perché sur le piton le plus élevé ; on croit le reconnaître, et, quand on y arrive, après une marche pénible, on voit qu'on s'est trompé. De cette vigie, toutefois, où l'on domine des espaces sans fin, nos guides reconnaissent la direction de Tagdempt, qu'ils déclarent n'être plus qu'à une journée et demie de marche. On rebrousse chemin, et l'on vient camper à cinq lieues de cette ville, près d'une fontaine du nom de Aïnkreima.

De nombreux escadrons de cavalerie, qui avaient escorté notre marche, se détachent de nous, et prennent la direction de Tagdempt.

Les eaux de cette fontaine, fraîches et limpides, fuient à travers les fissures d'un énorme rocher, qui semble avoir été frappé par la baguette de Moïse. Ces eaux tombent en cascade, d'une hauteur de quarante à cinquante pieds, sur de larges assises de pierre d'une régularité si parfaite, qu'on les croirait taillées par la main de l'homme ; ces assises sont l'œuvre du temps et de l'infiltration qui a fini par miner le rocher, et par le séparer en zones transversalement couchées. Quelques-unes, aux trois quarts déchaussées, restent comme suspendues en l'air ; il semble qu'en les touchant du doigt, on les ferait tomber, et cette pensée fait frissonner en songeant aux personnes qui puisent de l'eau aux étages inférieurs. Un figuier séculaire, d'une grosseur prodigieuse et dont les racines serpentaient à travers des interstices de blocs granitiques, ombrageait cette fontaine, et semblait inviter le voyageur au repos et à la rêverie.

Le figuier est très-poreux, brûle mal et fait un mauvais feu; mais on manquait totalement de bois, et ce vieux témoin de l'Afrique tomba sous la hache des soldats, qui, ayant trouvé pendant la route une grande quantité de lézards, de tortues, d'escargots, de grenouilles et de serpens, trouvèrent le moyen d'organiser dans le désert un festin de Balthazar.

Les soldats sont très-friands de la chair du serpent : attiré par l'étrangeté de ce mets, j'y ai goûté, et il m'a semblé manger de l'anguille. Avec une sauce à la tartare, ce serait à s'y méprendre complétement.

On reçoit ici la réponse à la proclamation que nous avions laissée entre les mains du maraudeur blessé à l'un des précédens bivouacs; elle est conçue en ces termes :

« Le cheval de la soumission n'a pas de queue; nous avons vainement cherché ce cheval dans nos tribus; nos jumens sont pleines, et si elles le mettent bas, nous te l'enverrons. »

Le 25, dès la pointe du jour, la pluie commence à tomber, et l'armée n'est pas plus tôt en route qu'elle est assaillie par de fortes ondées. Un indicible malaise s'empare des esprits; on espérait arriver à Tagdempt ce jour-là même, mais cet espoir s'est évanoui; le mauvais temps pèse de toute son influence sur les têtes les plus fortes. Vers huit heures, l'atmosphère devient moins brumeuse, le ciel s'éclaircit, le soleil nous envoie ses rayons, et avec eux l'espérance nous revient, les sombres pressentimens se dissipent. L'on chemine pendant quatre heures dans une plaine ondulée, présentant des mouvemens de terrain vagues et adoucis, et dont les dernières pentes nous conduisent devant un défilé très-étroit, flanqué à droite et à gauche de hautes murailles rocheuses, et découpées par de profonds ravins.

L'on s'attend à trouver l'ennemi dans cette position redoutable; il n'en est rien. Les troupes du génie seules eurent à lutter contre les obstacles du sol, pour faire passer le convoi. Au sortir de cette affreuse gorge, l'on voit, à l'horizon, s'élever de fortes colonnes de feu : c'était l'incendie de Tagdempt, que les indigènes avaient voulu brûler eux-mêmes en se retirant.

A la tête d'une division, le gouverneur se rend en toute hâte sur le lieu de l'incendie ; il y arrive vers midi, et il voit que les Arabes ont laissé incomplète leur œuvre de destruction ; la main leur a tremblé. Ils ont mis le feu à quelques misérables gourbis ; mais leur dévouement boiteux s'est arrêté devant les maisons et les établissemens de quelque importance.

A mesure qu'on s'approche de Tagdempt, la culture et la végétation disparaissent, pour ne plus laisser de traces. Le paysage se rembrunit ; les sites riants laissés en arrière font place à des tableaux pleins de sévérité et de hachures. La nature, depuis longtemps dépouillée, se décharne et n'est plus qu'ossification.

Fermée de tous côtés par plusieurs enceintes de montagnes noires et entassées en étages, cette ville ressemble à une prison à ciel ouvert. L'échappée par laquelle on y arrive se dérobe entre les fuyans des ravins ; on ne pouvait se guider, pour y entrer, que sur les tourbillons de fumée dont les colonnes verticales servaient d'étoile polaire.

La ville est abandonnée, et on y entre sans coup férir. L'avant-garde toutefois échange quelques coups de fusil avec un groupe de cavaliers qui avaient mis pied à terre et s'étaient embusqués derrière des rochers, au sud de Tagdempt. Les zouaves allèrent les débusquer, et continuèrent avec eux, pendant notre séjour dans cette place, une fusillade parfois assez vive, et néanmoins presque sans résultat.

Bâti sur un versant qui fait face au nord, Tagdempt se présente en un amphithéâtre encadré dans d'affreux escarpemens de granit, dont le pied et les flancs, largement déchaussés, forment un profond ravin, surtout du côté de l'ouest.

Les étages les plus élevés appartenaient à l'ancienne ville, et se composaient de cinq à six cents habitations n'ayant qu'un rez-de-chaussée : celles-ci étaient construites en moellon, sans ciment, et recouvertes en chaume. Les rues étaient parfois tellement étranglées, que deux hommes ne pouvaient passer de front.

Au-dessous de ces modestes demeures, et sur une pente plus douce, s'élevaient une centaine de maisons modernes, représentant, comme à Alger, un parallélogramme. Ces habitations, dont bon nombre n'étaient pas achevées, étaient solidement bâties; les chambres étaient spacieuses, blanchies à la chaux, et les toitures en tuile. On avait laissé entre les maisons assez d'espace pour que chacune pût avoir un petit jardin. Au milieu de cet archipel de constructions s'élevait le palais de l'émir, véritable casauba, représentant un carré long et flanqué de hautes murailles crénelées, dont l'épaisseur était si grande qu'elles auraient pu soutenir un siége.

Cette forteresse avait dû coûter des sommes énormes, et n'était terminée que depuis fort peu de temps; elle contenait l'arsenal d'Abd-el-Kader, et des coins pour battre monnaie. En y entrant, nous avons trouvé sur le seuil de la porte un chien et un chat morts, placés en travers comme pour nous barrer le passage : on les poussa du pied, sans y attacher aucune importance. A quelques pas plus loin, sur un banc de pierre placé sous le péristyle, on trouva un billet plié avec soin, pour attirer notre attention. Le contenu de ce billet nous a paru trop trivial pour être rappelé ici.

Abd-el-Kader n'avait laissé dans la Casauba qu'un sac de poudre avariée, et quelques petites pièces de monnaie de cuivre récemment frappées. On reconnut la chambre qu'il habitait, ainsi que celle qui avait servi de prison aux Français. Avant leur départ, ces derniers avaient tracé au charbon leurs noms sur la muraille, ainsi que ces mots : « Nous vous avons attendus avec impatience; plaignez le sort des malheureux prisonniers. »

Le gouverneur résolut sur-le-champ de raser de fond en comble Tagdempt par la mine, la pioche et le feu, et d'en partir dès le lendemain. Les soldats entreprirent cette destruction avec un entrain et un bonheur difficiles à rappeler, et le lendemain, de toute une ville florissante, il ne restait plus que la mosquée qui a été respectée, et une vaste maison appartenant au beau-frère d'Abd-el-Kader. Cette dernière avait servi d'ambulance, et comme elle était restée seule, debout, les soldats la comblèrent de bois de construction et y mirent le feu, pour couronner la destruction par un immense bouquet de flammes.

Mes recherches archéologiques à Tagdempt m'ont fait découvrir, dans le haut de la ville, des assises de pierre parfaitement taillées, que je fais remonter à l'époque de la domination romaine : ce qui m'a confirmé dans cette pensée, c'est la découverte d'une partie de maison qui évidemment est l'œuvre des Romains ; le rez-de-chaussée, situé à une toise au-dessous du sol, était très-bien conservé : sa muraille d'enceinte épaisse d'un mètre soixante centimètres, était liée par un ciment si parfait, qu'elle semblait ne former qu'une seule pierre. La surface des murs à l'intérieur était polie comme une glace et recouverte d'un mastic semblable au stuc.

Les portes étaient étroites et encadrées de fortes pierres taillées ; un fût de colonne brisée, qu'à son chapiteau orné de feuilles d'acanthe, on reconnaissait pour être de l'ordre corinthien, annonçait que cette demeure avait dû être celle de quelque patricien de Rome.

Le 26, vers sept heures du matin, l'armée quitte les ruines de Tagdempt. Quelques troupes sont restées embusquées dans les décombres, afin de tendre un piége aux Arabes que la curiosité et l'inquiétude pourraient attirer ; mais notre ennemi est expert dans ce genre de ruse : il ne s'y laisse pas prendre, et on n'obtient, en définitive que fort peu de résultat.

On traverse de nouveau le défilé de la veille dont nous avons parlé ; l'arrière-garde y est attaquée assez vivement : plusieurs soldats du 1er régiment de ligne sont gravement blessés et le capitaine Boucheron qui commandait l'artillerie de montagne, reçoit une balle qui lui déprime la lame externe des os du crâne. Ce brave officier dont j'avais oublié le nom, m'avait été recommandé à Paris, au moment de mon départ, par son ami auquel j'avais fait l'opération du strabisme. Je fus assez heureux pour le panser sur le terrain même et faire ainsi honneur à la recommandation qui m'avait été faite.

Au sortir du défilé, l'armée quitte la route de Mostaganem, pour se diriger vers le sud-ouest et marcher sur Mascara, dont le chemin nous était inconnu. Vers six heures du soir elle arrive à Mahera, où elle campe, sur les bords de la Mina.

Le 27, l'ennemi continue à observer notre marche ; les cavaliers seuls se montrent à nous, et les mieux équipés échangent quelques coups de fusil avec notre arrière-garde. On traverse plusieurs ravins profonds, et après avoir fait six lieues à travers des champs de blé et d'orge, on campe encore une fois sur les bords de la Mina que l'on a traversée à deux reprises différentes. Dans cette journée, les troupes du génie se sont signalées de nouveau, en rendant les mauvais passages de la route praticables aux voitures.

La Mina est si poissonneuse, qu'il suffit d'y jeter une ligne improvisée avec une corde munie d'une épingle recourbée en forme d'hameçon et amorcée d'une sauterelle, pour en retirer à l'instant même de gros poissons.

Pendant la route, nos douairs continuent à s'injurier d'une montagne à l'autre avec les cavaliers d'Abd-el-Kader ; leurs provocations rappellent les temps homériques, où l'on appelait au combat son adversaire par son nom. Des injures, ils passent parfois à des causeries presqu'amicales, à des négociations qui empruntent au langage toutes ses transformations.

Ils apprennent que l'émir doit nous attendre le lendemain avec toutes ses forces dans un défilé, qu'il se vante d'exterminer tous les Chrétiens et de marcher dans leur sang jusqu'à la ceinture.

La Mina dont le lit serpente en zigzag, est passée plusieurs fois dans la matinée du 28, et vers onze heures, l'armée débouche dans la riche plaine de Fortassa qui est arrosée par une foule de ruisseaux affluens de l'Oued-el-Abel.

Le sol est ici d'une très-grande fertilité ; mais l'eau qui le pénètre presque partout, le délaye en bouillie, dès qu'on le foule du pied, et le transforme alors en véritable marais. La plaine de Fortassa est dominée par de forts escarpemens de rochers, qu'il faut gravir pour aller à Mascara.

La cavalerie d'Abd-el-Kader dont les escadrons semblaient beaucoup plus gros que d'habitude, campait au travers de la route, comme si elle eût voulu nous barrer le passage :

on savait que Fortassa avait été vingt-cinq ans auparavant le théâtre d'une victoire remportée par les Kabaïles contre les Turcs, dont plusieurs bataillons avaient été massacrés. On pouvait croire, qu'exalté par ce souvenir, Abd-el-Kader songeait à exécuter la menace que les siens nous avaient faite la veille, et à profiter, pour nous combattre des avantages que sa position militaire lui donnait.

Le gouverneur crut un instant qu'enfin il allait en venir aux mains avec l'émir. Dans cette prévision, il fait mettre à terre les charges de riz portées par les chevaux, et en un instant, comme par l'effet d'un coup de baguette magique, il put se mettre à la tête de 1,600 cavaliers qui semblaient improvisés et sortir tout armés de dessous terre. Il transmet au prince l'ordre de se porter en avant avec sa division pour contenir la cavalerie ; la 2e division reste au convoi.

Nos escadrons s'ébranlent alors et se dirigent au trot vers l'ennemi ; mais celui-ci ne nous attend pas, et s'enfuit de toute la vitesse de ses chevaux.

Après deux heures de poursuite, on renonce à l'espoir de l'atteindre, et les troupes reviennent camper sur les rives de l'Oued-el-Abel, au lieu d'aller, comme on en avait le projet, jusqu'à Sidi-Muleï-Abd-el-Kader.

Le 29, le gouverneur, pour regagner le temps perdu de la veille, se propose de faire une forte journée de marche. On part à trois heures et demie du matin, et après une heure de route, on descend dans un immense ravin, qu'heureusement il ne faut remonter que par des pentes fort douces.

Exalté par la fatigue, par les privations et par l'ardeur du soleil, un soldat des bataillons d'Afrique place le canon de son fusil dans sa bouche, lâche la détente de l'arme, et se fait sauter la cervelle : on ne peut attribuer cet acte de désespoir qu'à l'exaltation ; et, malheureusement ces suicides ne sont pas rares en Afrique, surtout pendant les expéditions entreprises dans la saison d'été. Le cadavre fut emporté à dos de mulet, et enterré à la grande hâte pour ne pas l'abandonner à l'ennemi qui en eût fait trophée.

La grande halte eut lieu dans une oasis découpée par un grand nombre de ruisseaux qui lui versent l'abondance;

nulle part la fertilité et la richesse ne sont plus exubérantes, nulle part non plus la nature n'est plus libre dans ses allures. Rien n'est plus beau que ces terrains négligés qui ne produisent que ce qu'ils veulent, et ne se font faute de rien.

Des groupes d'amandiers, de bananiers, d'orangers et de grenadiers parsemés de fleurs éclatantes, ombrageaient de grands espaces couverts d'une végétation luxuriante et échevelée. Ce délicieux site invitait au repos et réalisait un de ces rêves des Mille et une Nuits que chacun a faits, dans son enfance.

L'armée se remet en route, et arrive, après douze heures de marche, à Ternifine, où elle campa dans la magnifique plaine des Eghris. Un peu avant d'arriver au bivouac, une centaine de cavaliers ennemis vinrent caracoler à la tête de la colonne de gauche, et tirer des coups de fusil à nos flanqueurs. Ces tiraillemens finissent toujours par nous mettre quelques hommes hors de combat, et nous avons intérêt à les faire cesser le plus vite possible en prenant sur l'ennemi un retour offensif : ce raisonnement décida Son Altesse royale le duc de Nemours à lancer sur eux trois compagnies d'infanterie. Les chasseurs qui lui servaient d'escorte, sous la conduite des officiers de son état-major, le général Boyer, le colonel Despinois, les commandans Berthier et Delarue et les capitaines Borel de Bretizel, Reille, Letellier et M. Fleury, officier de spahis, chargèrent en tête. L'ennemi tenta de résister devant cette poignée d'adversaires ; mais bientôt il s'enfuit en emportant quelques hommes qu'on avait vus tomber, et en abandonnant des chevaux blessés. Ce coup de main audacieux mit fin à la fusillade. Le commandant Delarue faillit être victime de sa bravoure et de la vitesse de son cheval ; mais il revint sain et sauf.

La journée du 30 devait nous conduire à Mascara. Au départ de l'armée, une assez vive fusillade s'engage sur les flancs et à la gauche de la colonne ; l'ennemi n'a pas encore paru si audacieux. Vers le milieu du jour, on aperçoit, sur la gauche, à travers une échappée de montagnes, la tête blanche des minarets, et bientôt après les murs d'enceinte de Mascara.

Tout était morne, désert et silencieux autour de cette ville. Les monts, qui de toutes parts la dominent, étaient couverts de cavaliers arabes. L'aspect imposant de l'ennemi, le silence et la solitude qui règnaient autour de la place, nous donnèrent de la défiance et semblaient cacher quelques projets perfides.

On forma deux colonnes mobiles pour aller chasser les cavaliers de leur position et agir à la fois sur la droite et sur la gauche des murs d'enceinte. Tandis que le gouverneur repoussait les Arabes sur la droite et tournait la ville du côté du nord-ouest, le prince, qui devait opérer du côté opposé, engagea une vive fusillade avec l'ennemi qui avait attaqué la tête et le flanc de la colonne, le mit en fuite; se porta ensuite sur les réserves qui étaient massées sur la croupe des escarpemens rocheux, les dispersa, après leur avoir fait éprouver quelques pertes ; puis, par un mouvement concentrique sur la place, il vint, selon les ordres qu'il avait reçus, envelopper la moitié de sa circonférence. On reconnut bientôt que Mascara était abandonné et entièrement désert. En se retirant, les habitans avaient brisé la porte de leurs maisons et mis en pièce quelques meubles grossiers, dont ils avaient jeté les débris dans les rues. J'ai retrouvé, du reste, cette ville telle que nous l'avions vue en 1835. Les dégradations que nous avions faites n'avaient été réparées nulle part, sauf dans la grande mosquée. L'une des voûtes de cette mosquée avait été la proie des flammes, et cette voûte avait été entièrement restaurée.

Quant aux maisons des faubourgs, que nous avions incendiées au moment du départ, la toiture seule avait été brûlée, et elles étaient demeurées sans toiture.

La maison d'Abd-el-Kader, qui avait été occupée par le prince royal, avait été à moitié dévorée par le feu ; nous avions brisé, au moment du départ, une magnifique coupole, en marbre blanc, ornée de festons et de dentelles, qui servait de réservoir à un jet d'eau placé au milieu de la cour : les morceaux étaient restés dans la cour de marbre, à côté de la coupole brisée. Personne n'y avait encore touché ; il semble que nul n'était entré dans la maison de l'émir depuis que nous l'avions profanée.

Mascara forme trois groupes distincts : le plus important représente la ville proprement dite ; il est entouré de hautes murailles très-fortes et bâties en pierres de taille. Entre les murs de la ville existe un chemin de ronde dans lequel les voitures pourraient aisément circuler. En dehors de l'enceinte, du côté de l'ouest, on remarque une foule de vergers et de jardins délicieux ; à l'est et au sud règne un ravin, taillé dans le roc, d'une très-grande profondeur, et dans lequel coulent, avec rapidité et souvent en cascade, des eaux d'une limpidité et d'une fraîcheur remarquables. Ces cascades représentent une force qui facilement pourrait être utilisée pour la mouture des grains. Le côté de l'ouest, qui est le côté faible de la défense, est protégé par un fort dont les remparts étaient hérissés de canons en 1835, et dans lequel nous n'avons trouvé que trois pièces démontées.

Ce fort avait servi de prison, jusqu'au moment de notre arrivée, aux prisonniers français. Cinquante-cinq d'entre eux avaient tracé leurs noms avec de la braise sur la muraille, en ajoutant qu'ils ignoraient où ils allaient et se confiaient à la garde de Dieu. Cette prison nous a paru moins affreuse que celle de Tagdempt ; j'ai remarqué sur le sol de la chambre des prisonniers la figure d'un damier : on est ingénieux dans l'adversité.

Les maisons de Mascara sont en bon état, bien conservées, et on pourrait aisément y loger 12,000 hommes de garnison. Surpris des ressources qu'offrait cette ville et des avantages de sa position au point de vue militaire et politique, le gouverneur se décida à y laisser 2,000 hommes avec 120,000 rations de vivres et 800 bœufs, en attendant un prochain ravitaillement. Je choisis une des plus grandes habitations pour en faire un hôpital. Je laissai quarante couvertures assez grandes pour être coupées en deux. Le gouverneur nous fit donner de la toile provenant des sacs destinés au génie : on en fit des paillasses qu'on remplit de paille ; on fabriqua à l'instant des brancards, et, avec ces ressources, on improvisa quatre-vingts lits complets.

A l'est de Mascara et de l'autre côté du ravin, existe le mur d'enceinte d'une nouvelle ville dans laquelle il y a peu de maisons : on prétend qu'elles servaient de casernement aux troupes de l'émir pendant l'hiver. Cinquante hommes, logés dans les tourelles qui existent à chaque angle du parallélogramme que le mur d'enceinte représente, suffiraient pour repousser toute attaque venant du dehors.

Au sud-est de Mascara se trouve un faubourg presque aussi important que la ville même. On y remarque une foule d'établissemens de tanneurs : nos douairs ont épuisé les fosses des cuirs qu'elles contenaient et ont chargé ces richesses sur leurs chameaux. Ce faubourg, comme plus haut nous l'avons dit, avait beaucoup souffert en 1835, lorsque nous y avons mis le feu.

On fit séjour, le 31, sous les murs de Mascara, pour y installer la garnison et l'approvisionner en fourrage, qu'on alla faire dans la plaine avec tous les chevaux de l'armée. Pour seconder les vues du gouverneur, qui désirait renfermer dans la place le plus possible de blé, d'orge et de paille, tous les officiers s'empressèrent de mettre à sa disposition leurs chevaux et leurs domestiques.

En 1835, l'armée était retournée de Mascara à Mostaganem, après quatre journées de marche. Le gouverneur apprend qu'il existe un chemin plus court, mais plus difficile; il se décide à le prendre, afin de voir si, avec quelques coups de pioche, il ne serait pas possible d'en faire la ligne habituelle de nos communications, et il fait laisser à Mascara toutes les voitures du convoi, afin de pouvoir passer partout. Les chevaux haut le pied sont remis à l'ambulance, et le 1ᵉʳ juin, jour du départ, nous chargeons environs trois à quatre cents fiévreux ou blessés sur ces animaux. Deux capitaines sont déjà morts de dyssenterie depuis que nous sommes en campagne ; le nombre des souffrants augmente chaque jour dans des proportions effrayantes ; l'état sanitaire empire ; il est temps de rentrer à Mostaganem. Toutes ces considérations nous engagent de plus en plus à prendre le chemin le plus court.

Pendant près d'une heure, nous cheminons à travers les jardins de Mascara, et l'arrière-garde les avait à peine quittés, qu'elle eut à soutenir un feu assez vif de la part des cavaliers arabes, dont le nombre grossissait à chaque instant. A mesure qu'on approche du défilé d'Akhet-Kredda, les pentes ravinées du territoire de Mascara s'arrondissent et deviennent plus douces ; elles laissent entre elles et les monts escarpés qui défendent l'entrée du défilé, une petite plaine dans laquelle on chercha à attirer l'ennemi, qui jamais n'avait paru plus nombreux ni plus entreprenant. On fait replier doucement les colonnes d'infanterie, et toute notre cavalerie entre en ligne pour présenter son front de bataille. Le général Mustapha occupe la droite de notre ligne et se lance, dès le commencement de l'action, avec les douairs à la poursuite des Arabes. Le colonel Yousouf, à la tête de son beau régiment de spahis, manœuvre sur la position du centre, tandis que le colonel Randon présente, à gauche, ses superbes escadrons, impatiens de se mesurer avec les cavaliers ennemis ; mais le général Mustapha parvient seul à avoir quelques engagemens sérieux, et les autres corps ont le chagrin de ne pouvoir attirer au combat l'émir Abd-el-Kader, dont on avait reconnu les étendards.

Des hauteurs qui commandent le défilé, on pouvait suivre, dans tous leurs détails, nos évolutions militaires et tous les mouvemens de l'ennemi. On voyait, sur la gauche, déboucher des masses de cavalerie qui, trompées sur la route que nous avions prise, étaient allées nous attendre dans les gorges d'El-borge avec leur infanterie régulière. L'ennemi pouvait mettre en ligne au moins 6,000 cavaliers ; il refusa néanmoins avec opiniâtreté le combat que nous lui offrions avec 1,600 hommes à cheval. Ne pouvant l'attirer à nous, nous nous décidâmes à continuer notre route et à nous engager dans le défilé d'Akbet-Kredda. Ce défilé a trois lieues de profondeur ; il est presque partout tellement resserré, que deux hommes ne sauraient passer de front ; d'affreux escarpemens en rendent l'entrée difficile, et, après les avoir gravis avec peine, il faut les descendre avec des difficultés plus grandes encore.

C'est une espèce d'escalier dont les rampes sont parfois si rapprochées, qu'elles brisent les côtes du voyageur, tandis que, plus loin, elles font complétement défaut et l'exposent à tomber dans d'atroces précipices entr'ouverts sous ses pas. Les marches de cet escalier formé par la nature, n'ont rien de régulier ; il en manque quelquefois une dizaine de suite, et l'on est réduit à se laisser glisser sur le dos, en se soutenant à l'aide des mains.

Les chevaux arabes sont d'une adresse si remarquable dans ces chemins périlleux, qu'ils passent partout sans danger. Aussi les indigènes disent-ils assez souvent, quand nous les questionnons sur les obstacles des routes que nous ne connaissons pas : « On peut y passer à cheval, mais non à pied. »

De l'entrée du défilé, on apercevait à l'horizon, à travers une échappée de montagnes, la plaine de l'Habra, qu'on aurait cru pouvoir toucher du doigt, tant elle semblait près de nous. Rien n'est trompeur comme la perspective dans les pays de montagnes! la grandeur et la majesté de ces créations primitives fascinent la vue, et il devient impossible de bien juger des distances.

Après avoir franchi les premières gorges de l'Akbet-Kredda, on descend par une arête vive au fond d'un ravin, où l'on trouve des terres bien cultivées. Cette arête est flanquée, à droite et à gauche, par une foule de monts et de ravins qui s'étendent à l'infini, en étages superposés, et forment avec elle un angle droit.

La défense devient difficile dans un défilé qui présente cette disposition topographique. Il aurait fallu se porter à plus d'une lieue, à droite et à gauche du défilé, pour garder les mamelons qui le commandent, sans être certain même d'y trouver de bonnes dispositions militaires. Une retraite en échiquier, si avantageuse dans les pays montagneux, était ici impossible, à cause de la configuration et des déchirures du sol.

Les cavaliers ennemis, qui venaient de refuser le combat avec tant d'opiniâtreté, laissèrent le convoi et le gros de l'armée s'engager bien avant dans le défilé ; et quand ils virent que celle-ci ne pouvait venir au secours de l'arrière-garde, qui était d'environ 1,500 hommes d'infanterie, ils l'attaquèrent avec une très-grande violence.

Dès qu'ils virent tomber nos premiers blessés, ils firent entendre des cris aigus et saccadés ; ces gloussemens sont le signal du ralliement, auquel chacun répond par un cri analogue qui, répété par l'écho des montagnes, fait un vacarme infernal.

Les cavaliers accourent de tous côtés au galop, sans que les précipices les arrêtent, et quelques-uns mettent pied à terre pour combattre de plus près. Nos soldats, commandés par le général Levasseur, montrent un calme et un aplomb que rien ne déconcerte; ils attendent l'ennemi de pied ferme, à petite portée, portent la mort dans ses rangs, sans pour cela arrêter son ardeur; et la fusillade, loin de se ralentir, devient au contraire plus active.

Je me porte à la hâte sur le lieu du combat, avec deux hommes de cœur et de dévouement, MM. Saiget, chirurgien-major, et Viel, chirurgien aide-major. Le sous-intendant militaire, M. Largillière, arrive lui-même avec un renfort de mulets. Nous pansons les blessés à la hâte, et en moins d'une demi-heure nous en relevons 80 du champ de bataille. Ce grand nombre de blessés ne permettait pas à l'arrière-garde de quitter ses positions pour se rapprocher du gros de l'armée. Une fois débarrassée de ce dépôt, elle se mit en route, et quand elle eût gagné une petite plaine située au fond du ravin, l'ennemi la quitta pour aller chercher ses morts et ses blessés, dont le nombre, à ce que nous avons appris, était de plus de 400.

On combattit pendant un moment de si près, qu'un sous-officier du 15e régiment eut son fusil enlevé par un Arabe, sur la poitrine duquel il avait placé le canon de cette arme. L'Arabe le frappa violemment à la tête avec la crosse, et le fit rouler au fond du ravin.

On s'arrêta un instant pour donner le temps de panser les blessés, puis on se hâta de passer la seconde partie du défilé, dont les obstacles et les dangers ne le cèdent en rien à celle que nous venions de franchir. Si deux cents kabaïles s'étaient embusqués dans les montagnes couvertes de bois qui touchent à la route, ils auraient pu nous barrer le chemin et nous faire beaucoup de mal, sans courir eux-mêmes aucun danger. Cette faute prouve qu'Abd-el-Kader, si vanté d'ailleurs, ne possède pas même les plus simples notions de l'art de la guerre.

La tête de la colonne déboucha vers cinq heures du soir dans la plaine de l'Oued-el-Hammam, où l'arrière-garde n'arriva qu'à neuf heures, parce qu'il avait fallu ne marcher qu'un seul homme de front dans presque toute l'étendue du défilé.

Les blessés n'ayant pu être pansés qu'à la hâte, je passai

la nuit avec mes aides pour leur appliquer des appareils plus complets, extraire les balles, retirer les morceaux d'os brisés et pratiquer les amputations jugées indispensables. La plupart des blessures, ayant été reçues de très-près, offraient beaucoup de gravité ; un grand nombre siégeaient à la tête.

C'est un spectacle douloureux que celui d'une ambulance après une affaire sérieuse ! La souffrance s'y montre dans ce qu'elle a de plus affligeant, le cri de la douleur retentit alors bien vivement dans le cœur de l'homme chargé de l'adoucir ; aussi quelle jouissance pure et ineffable ne goûte-t-il pas quand, appliquant tous les ressorts de son intelligence au soulagement des militaires, dont il est la providence, il parvient à se créer des ressources inattendues et dont l'originalité lui appartient. C'est ainsi que j'obtins du gouverneur, que toujours j'ai trouvé parfait, d'abondantes provisions en paille pour faire une litière aux blessés, dont les membres endoloris n'auraient pu sans danger reposer sur le sol inégal et dépouillé.

De son côté, S. A. R. le duc de Nemours, qui jamais n'a manqué une occasion de consoler nos malades, mit à notre disposition de précieuses ressources qui étaient destinées à sa table : enfin j'obtins de faire porter sur des brancards les hommes les plus grièvement blessés, et j'eus la consolation d'avoir fait pour ces malheureux, tout ce qu'il était humainement possible d'obtenir dans les circonstances où nous étions.

Le 2, l'armée descend dans la plaine de l'Habra, traverse deux fois cette rivière ; après huit heures de marche, elle campe à Bouguirat, près d'un lac entouré d'un bois de tamaris, et le 3, elle rentre à Mostaganem pour se préparer à se remettre en campagne vers le 8, afin de mettre le feu aux récoltes.

Voulant sans doute faire contre fortune bon cœur, et comptant par trop sur notre crédulité, on assure que l'émir nous aurait envoyé une lettre ainsi conçue : « Vos prome-
» nades à travers les riches moissons de la fertile Afrique
» ne lui portent pas plus de préjudice qu'à l'Océan, quand
» l'hirondelle de mer plonge dans ses eaux pour lui ravir
» un poisson. »

Quoiqu'il en soit de ces forfanteries, si nous avons le courage de persister encore un ou deux ans dans cette voie de destruction, il n'est pas douteux que nous n'obtenions de très-grands résultats. Les Arabes, ne trouvant près de nous que la disette, seront contraints de faire le désert à notre porte et de s'éloigner, ou bien ils capituleront et reconnaîtront la domination française.

www.ingramcontent.com/pod-product-compliance
Lightning Source LLC
Chambersburg PA
CBHW061011050426
42453CB00009B/1374